CHARLES SIMIC

IM DUNKELN GEKRITZELT

Gedichte

Aus dem Englischen
von Michael Krüger und
Wiebke Meier

Mit einem Nachwort von
Wiebke Meier

Hanser

Die in diesem Band von Seite 13 bis 82 versammelten Gedichte wurden von Michael Krüger übersetzt und erschienen 2017 in der englischen Originalausgabe unter dem Titel *Scribbled in the Dark* bei Ecco, einem Imprint von HarperCollins Publishers in New York. Die weiteren Gedichte auf Seite 89 bis 155 wurden von Wiebke Meier übersetzt und erschienen 2019 unter dem Titel *Come Closer and Listen*, ebenfalls bei Ecco.

Das Motto auf Seite 7 stammt von James Tate.
Das Motto auf Seite 85 stammt aus dem Band *The Journals and Miscellaneous Notebooks of Ralph Waldo Emerson*, Volume 8, 1841–1843, hrsg. v. Gilman und Parsons.
Und das Zwischenmotto auf Seite 129 stammt aus dem Gedichtzyklus *Canzoniere* von Francesco Petrarca.

1. Auflage 2022

ISBN 978-3-446-27410-5
© 2017, 2019 by Charles Simic
Published by arrangement with Ecco, an imprint of HarperCollins Publishers, LLC.
All rights reserved.
Alle Rechte der deutschen Ausgabe
© 2022 Carl Hanser Verlag GmbH & Co. KG, München
Umschlag: Peter-Andreas Hassiepen, München,
nach einem Entwurf von Allison Saltzman
Motiv: © Jessica Brilli
Satz im Verlag
Druck und Bindung: Friedrich Pustet, Regensburg
Printed in Germany

MIX
Papier | Fördert
gute Waldnutzung
FSC
www.fsc.org
FSC® C014889

FÜR HELEN

Es ist nicht so, als hätte ich eine Kuh zu melken, oder?

JAMES TATE

IM DUNKELN
GEKRITZELT

I

MITTERNACHTSFLIEGENFÄNGER

Habe mich zugedeckt
Mit Worten.

Jede Nacht wieder
Zugedeckt

In Erwartung
Des großen Schwamms.

DINGE SEHEN

Ich war noch klein, als ich herkam,
Ein Spielzeug zum Aufziehen.
Sah eine Straße in der Hölle, eine im Paradies.
Sah ein Zimmer in einem so kranken Licht,
Als würde es am Stock gehen.
Sah einen Alten in einer Schneiderei
Vor einer Braut knien, Nadeln zwischen den Lippen.
Sah den Präsidenten auf die Bibel schwören,
      mitten im dichten Schneefall.
Sah ein Liebespaar in einer leeren Kirche beim Kuss
Und einen nackten Mann aus einem Haus stürzen,
      weinend und mit einer Flinte fuchtelnd.
Sah Kinder mit Halloween-Masken
Bei Sonnenuntergang von einem Dach aufs andere springen.
Sah ein Auto voller Straßenhunde, die mich anstarrten.
Sah eine Obdachlose mit Gott zanken
Und einen Blinden, der zur Gitarre sang:
»Oh Herr, erbarme dich meiner,
Und lass mich, wenn die Ketten fallen, frei!«

ZIMMER FREI

Hinten gab es ein winziges Zimmer
Mit einem Bett und einem Stuhl.
Und einer finsteren Alten,
Die einem die Tür öffnete
Und sofort die Biege machte,
Dich dort allein ließ
Mit einem kümmerlichen Sonnenstrahl
Als einzigem Gesprächspartner,
Wenn er sich mal zeigte,
Und wenn er verschwände,
Müsstest du schweigen.

DAS BESONDERE ETWAS

Lag es an dem Geruch von frischem Brot,
Der dich aus der Bäckerei umschmeichelte?
An dem Anblick zweier Mädchen mit Puppen
Auf den Stufen zu einem vom Feuer genarbten Haus?

In dieser Stadt, die dir vielleicht bekannt vorkommt
Aus einem Traum oder einem anderen Leben,
Lag die Straße ruhig da wie ein Scharfschütze,
Der im gleißenden Sonnenlicht anlegt,

Vielleicht auf die Frau, die um die Ecke kommt
Mit einem Kinderwagen, und du rennst hinterher,
Als wärest du das Kind darin,
Und merkst danach, dass du dich verlaufen hast

In einer Gruppe von Fremden, und fühlst dich
Wie einer, der, aus langer Krankheit erwachend,
Die Welt mit dem Herzen wahrnehmen muss
Und hofft, nicht zu vergessen, was er sah.

SCHÖNWETTERFREUNDE

Eddie mit seiner wallenden Mähne, plus Joey und ich,
Wie Jesus und die beiden Schächer
Nebeneinander an der Tafel gekreuzigt,
Die Nacken schuldig gebeugt
In Erwartung unserer Strafe.

Gott hatte Mitleid mit ihnen und machte
Ihre Seelen wieder rein mit einem Schwamm.
Nur meine nicht. Ich blieb, wo ich war,
Klammerte mich an ein Stück Kreide,
Während die andern längst zu Hause waren.

Schon war überall Nacht
Und kaum zu entscheiden, welche Zahlen
Noch blieben, die man hinzuzählen
Oder abziehen konnte, und ob jemand zuschaute
Bei meinem letzten Versuch.

UNGEBETENER GAST

Finstere Gedanken an einem sonnigen Tag
Das müde Fräulein in Sorge
Alle auf dieser Überraschungsparty
Sehen aus, als hätten sie ein geheimes Messerfach
In der Küche eines Irren
Eine Krähe schwirrt um meinen Kopf
Freund der Selbstmörder
Leichtfüßiger Totengräber unserer Hoffnungen
Nachtschwester der Hölle
Über eine Wiege gebeugt.

ALLE VOM DUNKEL VERSCHLUCKT

Wo ist der blinde Straßenprediger, der sagte,
Die Welt gehe unter am Donnerstagmittag?
Oder die Frau, die über die Madison Avenue ging,
Splitternackt und den Kopf hoch erhoben?

Wo ist der Dichter Delmore Schwartz,
Der mit einem Geist auf einer Parkbank stritt?
Wo ist der betrunkene junge Mann an Krücken,
Der noch mehr Vietnamesen killen wollte?

Sie, Herr Leichenbestatter, der Sie ein Butterbrötchen
Essen im Fenster eines Coffee-Shops, Sie müssten es wissen –
Oder tappen Sie wie der Rest von uns im Dunkeln,
Wenn schon die nächste Leiche begraben werden will?

DIE WOCHE

Der Montag kommt daher mit einem neuen Tattoo
Und zeigt es uns nicht, und hier kommt schon Dienstag,
Der seinen letzten Alptraum an der Leine spazieren führt,
Und Mittwoch, so blind wie der Regen,
Der an die Fensterscheibe klopft, Donnerstag schlürft
Dünnen Kaffee bei einer hübschen Bedienung,
Und Freitag geht unter in einem Durcheinander von traurigen
Und glücklichen Gesichtern, und Samstag leuchtet
Wie eine Flippermaschine im Leichenschauhaus
Und Sonntag mit dem Haupt des gekreuzigten Christus,
Der seitlich im Badezimmer im Spiegel hängt.

AN DIE LANGEWEILE

Ich bin das Kind verregneter Sonntage.
Ich sah die Zeit dahinkriechen
Wie eine verletzte Fliege
Über die nasse Fensterscheibe.
Oder wartete darauf, dass ein Zweig
An einem Baum aufhörte zu zittern.
Während Großmutter strickte,
Hüpfte ihr das Wollknäuel
Über die Füße wie ein Kätzchen.
Ich wusste, jede Uhr im Haus
Hatte aufgehört zu ticken
Und dass dieser Tag ewig dauern wird.

FISCH AUF DEM TROCKNEN

Genau das warst du immer, mein Freund.
Erst neulich bedachte dich
Ein ausgestopfter Papagei inmitten
Der Pracht eines Antiquitätenladens
Mit einem verächtlichen Blick,
Als du deine Nase hineinstecktest.

Als liefe man in einen Spiegel, nachts,
Beim Durchqueren eines riesigen
Und leeren Einkaufszentrums,
Mit einem komisch aussehenden Fremden,
Der sich die Beine in den Bauch steht
Und erstaunt ist, dich dort zu sehen.

Oder du fährst an einer Vogelscheuche vorbei,
Die einer auf einen Friedhof versetzt hat
In der Nähe deines Hauses.
Du hast sein Gelächter noch im Ohr
Lange nach deiner Rückkehr am nächsten Tag,
Als er schon fort war.

UNLESERLICHES GEKRITZEL

Diese Fetzen, die der Geist ausleiht,
Um sich zu wärmen
Gegen den kalten Hauch der Sterblichkeit.
O Stacheldraht ausgeixter Wörter,
Dornenkrone,
Meeting der Endzeitträume vor toten Wänden,
Verschüttete Kummerperlen,
Kaffeesatz der Wahrsager,
Mein fester Halt im Abgrund.

GESCHICHTE

Unheimlich sind unsere Leben und komisch,
Wie die Masken der Kinder zu Halloween,
Wenn sie in einem verlorenen Viertel
Von Tür zu Tür gehen
Mit den Kleinen an der Hand,

Wo Menschen beim Abendbrot saßen,
Verbissen schweigend oder lauthals schimpfend,
Als ein Klopfen an der Tür zu hören war,
Das sanfte Klopfen eines schüchternen Jungen
In einem von der Mutter genähten Kostüm.

Wer hat dich denn verkleidet, Junge?
Und wo hast du die Maske her?
Die uns alle zum Lachen brachte,
Während du uns anstarrtest,
Als wär dir bereits klar, dass wir Geschichte waren.

ZEICHEN DER ZEIT

Für einen kribbligen Kopf
Ist ein zitterndes Unkraut am Weg Kassandra,
Ganz so wie der Anblick
Einer verrammelten Stadtbibliothek,
Die Bücherreihen hinter den Fenstern,
Seit Jahren nicht berührt,
Auf der Treppe ein alter räudiger Hund,
Und neben ihm krümmt sich ein Mann,
Der stumm die Lippen bewegt
Wie ein Schauspieler, dem die letzten Zeilen
Einer tragischen Posse nicht einfallen wollen.

IM GERICHT

Der Richter scheint zu schlafen:
Die schweren Augenlider sind gesenkt,
Und die dunkle Brille ruht
Auf einem dicken Aktenstapel.

Zieh, wenn du eintrittst, deine Schuhe aus,
Um seine Ruhe nicht zu stören,
Doch behalte die weißen Socken an,
Der Boden im Gerichtssaal ist kalt.

Was vom Licht des Tages übrig bleibt,
Ist dabei, sich leise zu verdrücken,
Lässt das Dunkel in unseren Seelen
Tun, was ihm verdammt noch mal gefällt.

VERPASSTE GELEGENHEIT

Eines Nachmittags, auf der Suche nach einer Abkürzung,
Stand ich plötzlich auf einer Straße,
Die ich nie zuvor gegangen war,
Und wäre fast nicht weitergegangen –
Mein Fuß mitten im Schritt erstarrt,

Vor mir ragte in voller Blüte ein Hornstrauch
Aus einem der Gärten empor,
Und ein paar knallbunte Spielzeuge
Lagen in der Einfahrt verstreut,
Aber kein Kind, niemand sonst war zu sehen.

Ein zwitschernder Vogel in einem Käfig am Fenster,
Vielleicht war er in das Geheimnis eingeweiht?
Das war mir egal, ich stürzte davon,
In Gegenden, wo es an diesem Tag wichtiger war,
Mich blicken zu lassen.

II

JANUAR

Abdrucke von Kinderhänden
Auf dem vereisten Fenster
Einer kleinen Schule.

Ein Reich, las ich irgendwo,
Behauptet sich durch
Die Grausamkeit seiner Gefängnisse.

VERWUNDERT

Die ganze Nacht lang habe ich einen oder etwas
Verflucht und mich hin und her gewälzt –
So hieß es, ich selbst hatte keine Ahnung,
Wer es gewesen sein konnte, also stierte ich
Die Welt da draußen verwundert an.
Der Reif lag so prächtig auf den Büschen
Wie Lametta auf dem Weihnachtsbaum,
Als ein Auto, lang wie ein Leichenwagen,
Sich ins Blickfeld schob und kurz
An jedem Briefkasten hielt, als suchte es
Einen Namen, und fuhr, weil es ihn nicht fand,
Mit quietschenden Reifen davon. Es klang
Wie ein Ferkel, das ein Fleischer in die Höhe hält.

IM SCHNEE

Spuren eines Verirrten,
In Gedanken verstrickt,
Blind im Kreis wandernd
In diesen Wäldern hier,

Er leckt seine Wunden
Und kaut Schnee,
Während er dahinstolpert,
Verwirrt und verlassen,

In wachsender Angst,
Kein Ausweg in Sicht,
Vom Pech verfolgt,
Sich selbst ein Rätsel.

ALTER KÄMPFER

Veteran fremder Kriege,
Steif am ganzen Leib,
Die schlottrige Hose, vom Wind gebläht,
Grüßt eine Krähe im Baum

Und setzt seinen Weg fort
An einem kleinen Friedhof vorbei,
Stolpernd und mit den Armen rudernd,
Wie von Geistern verfolgt,

Die hinter Grabsteinen lauern
Und ihn erschrecken wollen
Mit ihren Beichten,
Bevor er verschwunden ist.

Schwer verwirrt die Tigerlilien.
Der staubige Feldweg hinter ihm
In tiefem Schweigen
Und Beute wachsender Schatten.

IN NACHT UND KÄLTE

Ihr Folterer mit den glücklichen Gesichtern,
Euer Gefangener musste sich nackt ausziehen
Und stand mit elektrischen Drähten verkabelt da,
Wie ein Weihnachtsbaum
Im Fenster eines Kaufhauses,
Neben einer lächelnden Familie, geschart
Um einen Kamin aus falschen Backsteinen.

Und was euch betrifft, ihr Männer und Frauen,
Ausgestreckt in dunklen Hauseingängen
Entlang der Straße, auf der ich gehe,
Stopft mehr Zeitungen in eure Kleider,
Denn lang wird die Nacht sein und kalt.

ALLES IN RASCHEM VERFALL

Wie ein Pickup ohne Räder
Und einige verrostete und ausgeweidete
Alte Öfen und Kühlschränke
In einem von Unkraut übersäten Hof,
Dahinter eine Hütte mit einer Plastikfolie
Vor einem der Fenster,
Durch das eine Bierflasche flog
In einer sternklaren Nacht im Juni –
Oder haben wir einen Schuss gehört?
Die polizeiliche Ermittlung kommt,
Wenn überhaupt, nur langsam voran,
Inzwischen hat sich der alte Einsiedel
Einen schlechtgelaunten Köter zugelegt,
Um seinem Schrott Gesellschaft zu leisten
Und alle zu verbellen, auch den Postboten,
Wenn er einen der seltenen Briefe in den Kasten wirft.

DIE GRILLE AUF MEINEM KOPFKISSEN

Ihr ausgemergelter Kopf und die Beine
Sprechen von langem Fasten, inbrünstigen Gebeten,

Dunklen Nächten der Seele
Und anderen unbekannten Qualen,

Bevor sie bei uns Unterschlupf fand
Vor diesem Verrückten da draußen,

Der über ihr Bett
Eine dicke Schneedecke warf.

WINTERFLIEGE

Du solltest wie ein König in einem Palast leben
Und nicht auf meiner Küchenwand zittern,
Bett und Stuhl nach deinen Maßen haben
Und ein Radio mit den neuesten Hits,
Gesummt von den Fliegen in Dakar und Rio,
Während gute Geister dich mit Gebäck verwöhnen
Auf Tellern mit deinem eigenen Wappen
Und deine Höflinge dir eine Gespielin fangen
Unter den Fliegen, die sich putzen
Auf einem toten Hund.

KAHLE BÄUME

Sie sind Liebhaber von Horrorfilmen
Im fahlen Licht eines Novembertages,
Die graue Fläche des Teichs
Ist die Leinwand, auf die sie schauen.

Die kahlen Äste bewegen sich auf ihr
Wie die Finger von Blinden,
Die das Gesicht von einem berühren wollen,
Der nach ihnen gerufen hatte

Mit dem Geschnatter vorbeiziehender Gänse,
Den Schüssen aus einem Jagdgewehr
Und dem Gebell eines Hundes vor einem Wohnwagen,
Der endlich eingelassen werden will.

RASTSTÄTTE

Die neuesten Nachrichten sind immer schon alt.
Nichts Neues unter der Sonne,
Die Unschuldigen werden hingemetzelt,
Während ein Typ im TV Ausflüchte macht

Und der Barkeeper unsere Gläser nachfüllt,
Die linke Hand krampfhaft hinter
Dem gebeugten Rücken, entweder zerbissen
Von einem Hund oder sie hält einen Totschläger.

Unsere Kriege scheinen nicht gut zu laufen.
Ein Senator wurde beim Sex erwischt
Auf der öffentlichen Toilette eines Flughafens,
Und Regen und Schnee sind im Anzug.

VERIRRTES HUHN

Die Höllenhunde schlagen wieder an,
Man sollte nach einem Baum Ausschau halten,
Sich mit einer Ratte im Gully anfreunden,
Mit einem Drachen, der in den Himmel schwebt.

Die Wassermelonen, die im letzten Sommer
Von einem Laster fielen und auf dem Highway
In blutige Stücke zerbrachen, haben
Unsere Geschichte vielleicht schon vorausgesagt.

Verirrtes Huhn, so wird unsere Nachbarin genannt,
Die immer verloren aussieht,
Immer an allem etwas auszusetzen hat
Und sich ständig bekreuzt wie in der Kirche.

Ich fürchte, sie hört diese Hunde bellen,
So wie der Mann, den ich jede Nacht
Im großen Fenster seines Hauses sehe
An einem langen Tisch mit einer brennenden Kerze.

DIE WEISSE KATZE

Mutter fing an, sich meinetwegen Sorgen zu machen.
Trübsal blasend, noch unverheiratet,
Dazu auserkoren, den Rest meines Lebens
Im selben grauen Pullover im selben Sessel zu sitzen
Und mit denselben drei Knöpfen zu spielen.

Ich kaufte ihr ein Radio, um sie aufzuheitern.
Doch selbst Tanzmusik fand sie traurig.
Sie mochte die Stille, besonders am Sonntag.
Da sahen wir zu, wie der Regen fiel,
Wie die Nacht kam, müde, immer Nacht zu sein
Und zur festgesetzten Stunde erscheinen zu müssen
In demselben schwarzen Gewand.

Die Häuser gegenüber lagen im Dunkel,
Während der Himmel plötzlich aufgeklart hatte.
Ich glaubte, Mutter habe meinen Namen gerufen,
Also hielt ich mir die Ohren zu und beobachtete
Eine weiße Katze, die mit erhobenem Schwanz
Vorsichtig über das Geländer balancierte,
Innehielt und einen Blick in jedes Fenster warf.

VON EINER, DIE VERSCHWAND

Jetzt, da es warm genug ist, abends auf der Veranda zu sitzen,
Erinnerte sich einer zufällig an eine Nachbarin,
Obwohl es mehr als dreißig Jahre her ist,
Dass sie nach dem Essen ein paar Schritte gehen wollte
Und nie mehr zu Mann und Kindern zurückkam.

Keiner von uns wusste noch viel über sie,
Außer wie sie lächelte und plötzlich nachdenklich wurde,
Ohne das weiter zu erklären, wenn man sie fragte,
Als hätte sie bereits ein Geheimnis oder als
Wäre sie todunglücklich, keines zu haben.

DIE BOTSCHAFT

Nimm eine Botschaft mit, Krähe, wenn der Tag anbricht.
Und finde die, die ich nicht vergessen kann,
Sag ihr, die Bäume sind fast kahl
Und die Nächte hier dunkel und kalt.

Schau nach, ob sie den Ofen schon heizt,
Ob sie nackt zu Bett geht oder angezogen,
Morgens heißen Tee trinkt und zusieht,
Wie die Nachbarskinder auf den Schulbus warten.

Sag ihr, dass mich nichts trauriger macht
Als die Erinnerung daran, wie sie
Ihr Gesicht mit beiden Händen bedeckte,
Wenn sie glaubte, allein zu sein.

Hilf mir, Vogel, der du von Ast zu Ast flatterst
Und mit einer Stimme voller Kummer
Nach einem lieben Gefährten rufst,
Der an deiner Seite fliegen soll.

DIE VÖGEL KENNEN IHN

Tief versteckt im Walde
Liegt ein Teich, sagte ein Mann,
Vögel und Rehe kennen ihn
Und stillen dort ihren Durst

Mit einem Wasser so kalt und klar
Wie ein brandneuer Spiegel,
In den noch keiner blicken durfte,
Außer vielleicht der kleine Junge,

Der seit Jahren vermisst wird
Und vielleicht darin ertrunken ist
Oder eine Spur hinterließ
Beim Spielen am felsigen Ufer.

Noch heute Nacht gehe ich los
Und finde es heraus, sagte ich mir,
Mein Verstand spielte verrückt,
Und der Mond schien so hell.

III

DER FILM

Meine Kindheit ist ein alter Stummfilm.
Ach, ihr Winterabende,
Wenn meine Mutter mich an der Hand
In ein dunkles Kino führte,
Wo der Film schon begonnen hatte –
Wie ein Traum von jemand anderem,
In dem wir zufällig gelandet waren –

Da schrieb eine junge Frau einen Brief,
Hielt inne, um sich die Augen zu wischen,
In einem Zimmer, das auf einen Hafen ging,
Und ein Vogel saß still in seinem Käfig,
Niemand schenkte ihm Beachtung,
Auch dem weißen Schiff am Horizont nicht,
Das vielleicht näher kam, vielleicht davon segelte.

Die Stadt war besetzt, vergaß ich zu sagen.
Dick eingemummelt gegen die Kälte,
Die Augen auf den Boden gerichtet,
Stapften wir nach Hause
Auf tückischen, kaum beleuchteten Straßen.

BELLADONNA

Ein Wort, das einem in den Sinn kommt,
Wenn man abends an roten Papierlaternen vorbeischlendert,
An Perlenvorhängen und Orientteppichen
Im gedämpft erleuchteten Fenster eines Wahrsagers.

Ein schönes Mädchen im weißen Abendkleid
Sitzt an einem kleinen runden Tisch
Und wartet mit tränennassem Gesicht
Auf das Erscheinen des Orakels.

Ein Anblick, den der muntere Papagei in dem Lokal
Von seiner Stange aus gern kommentiert hätte,
Und den der Teufel heute Nacht einem jungen Mönch,
Im Gebet kniend, zeigen möchte.

AUF WOLKE SIEBEN

Die meisten Tage schwebe ich.
Nachts ebenso.
Einen Fuß vor den anderen,
Auf einem so dünnen Faden,
Dass eine Spinne ihn für ihren eignen
Halten könnte, spaziere ich ungesehen
Über eure Köpfe hinweg.
Ihr da, die ihr immer bereit seid,
Einem Feuerwehrmann zuzujubeln,
Der ein Kind aus einem brennenden Haus rettet,
Schaut öfter mal nach oben,
Um meine Kunst zu würdigen.

FORTGERISSEN

Melville hatte das Meer und Poe seine Mahre,
Die sie erregen und quälen konnten,
Und du hast die Gesichter von Fremden,
Einmal und niemals wieder erblickt.

Wie diese Frau, der du aufgefallen bist
Auf einer belebten Straße in New York,
Die sich umdrehte, als sie schon vorbei war,
Als hätte ein Geist sie gestreift.

Dir blieb die Erinnerung an ihre Hand,
Erhoben, um ihr verwirrtes Gesicht zu berühren
Und damit zu dämpfen, was sie vielleicht sagte,
Als sie von der Menge fortgerissen wurde.

MEINE GÖTTIN

Deine Nase ist rot, deine Augen tränen,
Und du musst schniefen,
Als hättest du den ganzen Nachmittag
Seifenopern gesehen.

Diana – oder wie immer du dich nennst –,
Wenn ich dir keinen Drink holen darf,
Wirst du dir eine schwere Erkältung holen
Und die ganze Woche im Bett bleiben müssen.

Liebste, ich weiß, du verdienst
was Besseres als diesen Fusel,
Den ich unter der Spüle fand.
Hab dich nicht so und nimm einen Schluck

Und hör auf, mich zu nerven, ich solle
Um diese Zeit chinesisches Essen bestellen
Und für dich nach einer Sonnenbrille suchen,
Die du im Bett für mich tragen kannst.

DAS GLÜCKLICHE PAAR

Das warme Frühlingswetter machte sie träge,
Wie sie da nebeneinander auf der Parkbank saßen,
Die Augen geschlossen und die Sonne im Gesicht,
Den Kindern auf dem Spielplatz zuhörend
Und den zwitschernden Vögeln in den Bäumen,
Obwohl die Mittagspause längst vorbei war.

Einer von ihnen hätte so viel Verstand haben müssen,
Auf die Uhr zu blicken und den andern
Mit einem entsetzten Ausruf am Arm wegzuziehen.
Seine Entschuldigung: er sei mit einer schönen Frau zusammen
Und unfähig, auch nur einen Finger zu rühren, um sie beide
Bei der Rückkehr vor einem Rausschmiss zu schützen.

Vorerst jedenfalls sind sie zufrieden, die Füße
Von sich gestreckt, die Arme verschränkt.
Vorbeihastende Leute müssen denken,
Wie glücklich müssen die Zwei sein, ohne
Sorge in der Welt, anders als die belämmerten Typen,
Die gerade das Gerichtsgebäude verlassen.

TODSICHER

Turteltauben schmusen auf der Straße,
Das Ende der Welt bricht an.
Auch der beinlose Veteran,
Der die Schulmädchen um Münzen anbettelt,
Wird bald in der Hölle schmoren,
Weil er den Namen des Herrn
Vergeblich im Munde führt.
Der alte Mann mit grimmiger Miene
Und einem Plakat in der Hand ist sich sicher,
Er wird der sein, der errettet wird.

DER LIEBHABER

Als ich mal auf einer Farm lebte, schrieb ich Liebesbriefe
An die Hühner, die im Hof pickten,
Oder ich schrieb, auf dem Plumpsklo, an eine Spinne,
Die über meinem Kopf ihr Netz flickte.
Das war, als meine Frau mit dem Postboten durchbrannte.
Auch die Nachbarn zogen weg.
Ihre Sau und die Ferkel quiekten,
Als sie dem Umzugswagen hinterher rasten,
Und sogar die Vogelscheuche, die ich einmal an einen Baum
Gebunden hatte, damit sie mir zuhören musste.

DIE HEILIGE

Die Frau, die ich liebe, ist eine Heilige,
Die es verdient, dass Menschen
Auf der Straße vor ihr auf die Knie fallen,
Um ihren Segen zu erbitten.
Stattdessen sitzt sie auf dem Boden
Und schlägt mit dem Schuh nach einer Maus,
Während ihr Tränen übers Gesicht laufen.

DIE KUNST, GLÜCKLICH ZU SEIN

Dank einer Sammlung von Theaterkostümen
Und ihres freundlichen Besitzers
Ergab sich für das Paar eine Gelegenheit,
Den dunklen und düsteren Tag aufzuhellen,

Was für ein Auftritt, wie sie da stehen
Auf der belebten Straße
Mit ihren gepuderten Perücken,
Den quietschenden Verkehr durchqueren
Und zum Lunch gehen,
Sie gekleidet wie Marie-Antoinette
Und er ganz in Schwarz,
Wie ihr Scharfrichter oder ihr Beichtvater,

Der zusieht, wie die junge Königin
Mit einem frechen Lächeln
Ketchup über ihre Pommes gießt,
Während er versucht,
Den Strohhalm der Cola
Auf seiner Nase zu balancieren
Und auf ihren Beifall wartet.

IN EINEM GARTEN

Was für ein hübscher Anblick,
Ein Liebespaar, das Wein trinkt und sich küsst,
Und ein Hund auf den Hinterbeinen,
Der um ein paar Reste bettelt.

KIRSCHKUCHEN

Wenn es stimmt, dass der Teufel seinen Finger
In jedem Kuchen hat, muss er warten,
Bis es Nacht wird und die Dunkelheit sich
Im Hof staut, so dass wir nicht sehen,
Wie er den Finger ableckt, den er
In deinen Kuchen gesteckt hat, den du
Gerade aus dem Ofen geholt hast, Liebes,
Und am offenen Fenster abkühlen lässt.

EINES SCHÖNEN TAGES

Der Vogelbauer war weg und ebenso die Couch,
Auf der deine Eltern fernsahen.
Auch den Umzugswagen bemerkten wir nicht,
Dessen Fahrer uns zuwinkte beim Wegfahren.

Ich mag unseren neuen Lebensstil, sagtest du,
Und gingst, eine Bierflasche am Wickel,
Zufrieden von Zimmer zu Zimmer,
Und alle standen jetzt leer.

Als wir schließlich nach unserem Auto sahen,
Fanden wir die Nachbargrundstücke voller Müll,
Die Vorgärten mit Unkraut überwachsen,
Manches mit schönen blauen Blüten,

Das sich hier wohlzufühlen schien
Wie Krähen, die einen Kadaver auf der Straße finden.
Die Interessen einiger mächtiger Gruppen
Des Landes waren befriedigt worden.

Schließt das Gott ein? fragte ich mich,
Während du neben mir auf dem Boden lagst,
Total weggetreten. Du würdest trotzdem erwarten,
Dass ein so Großer einen Finger rührt.

SPUKHAUS

Wenn die Abendstille unter einem Baum
Verweilt und einem Vogel zuhört,
Hinüber zur Dorfkirche wandert
Und dann auf den Steinstufen wartet,
Bis der Priester kommt und sie einlässt –

Aber keiner ist zu sehen, weder in der Kirche
Noch in der Reihe stattlicher Häuser,
Jedes schon lange nicht mehr bewohnt,
Doch gut gepflegt von seinen Geistern
Wie dem, der ein Streichholz anriss,

Als gestern Nacht der Strom ausfiel
Und man eine Frau, nackt wie die Natur sie schuf,
Mit einer brennenden Kerze die Treppe
Herunterkommen und später hinaufsteigen sah
Mit einem Stück Wassermelone.

DER SCHNEESTURM

Ach, in einem Briefkasten hocken
Bei einem Schneehaufen an der Straßenecke
Gegen einen Brief gekuschelt
Der Liebe und heiße Küsse schickt
An einen glücklichen Typen da draußen.

IV

DAS UNENDLICHE

Das Unendliche hört nicht auf zu gähnen.
Ist es müde?
Vermisst es Pythagoras?
Die Segel auf den drei Schiffen des Kolumbus?
Erinnert es das Geräusch der Brandung an sich selbst?
Sitzt es je vor einem Glas Wein und philosophiert?
Schaut es nachts in den Spiegel?
Hat es irgendwo einen Koffer voller Souvenirs versteckt?
Liegt es gerne in einer Hängematte und lässt sich vom Wind
    süße Nichtigkeiten ins Ohr flüstern?
Geht es in leere Kirchen und entzündet eine Kerze auf dem Altar?
Betrachtet es uns als ein Paar Glühwürmchen, die auf dem Friedhof
    Verstecken spielen?
Hält es uns für einen leckeren Bissen?

LETZTE WETTE FÜR DIE NACHT

Einen letzten Gedanken wetten
Gegen das Universum,
Den einen auf diesen Moment,
Den ich durchlebe,
Der alles ist, was wahr ist,
Mit klopfendem Herzen
Einen weiteren roten Chip setzen
Auf dem riesigen, unbewachten
Spieltisch dieser dunklen Nacht.

BESCHREIBUNG

Es war wie ein schwankendes Kartenhaus,
Ein Schlangenmensch klimpert auf einer Ukulele,
Ein Gorilla wütet auf einem Dachboden,
Ein Autofriedhof sehnt sich verzweifelt zurück
In einen Tornado auf der Autobahn,
Tolstois Bart, als er alt und verrückt war,
General Custers ausgestopftes Pferd …
Was war? Frage ich mich und habe keine Ahnung,
Aber eines Tages wird mir ein Licht aufgehen.

MYSTERIENTHEATER

Glatzköpfiger Mann raucht im Bett,
Nackte Glühbirne über dem Kopf.

Der Schatten seiner Zigarre
Neben ihm auf der Wand,

Ihre lange Asche fällt gerade
In ein pechschwarzes Fischglas.

SCHATTEN AN DER WAND

Um Mitternacht
Laden wir ein
Einen Narren wie uns
Auf ein Glas Wein.

AUF DER SUCHE NACH EINEM VERSTECK

Ging ich die Straße der falschen Götter entlang
Die Straße der Männer, todschick herausgeputzt
Die Straße der Ratte, die aus der Deckung kommt
Die Straße der Motten, die sich nachts lieben und paaren
Die Straße der durchgebrannten Bräute

Die Straße der heruntergekommenen Grand-Hotels
Die Straße des geschminkten Lächelns
Die Straße des Zauberlehrlings
Die Straße von Spiegeln und Rauch
Die Straße des Schattentheaters

Die Straße der blutigen Kriege und Revolutionen
Die Straße des schreitenden Tigers
Die Straße des berittenen Polizisten
Die Straße eines schlafwandelnden Kindes
Die Straße der unlesbaren Anschrift

IM DUNKELN GEKRITZELT

Ein Schrei auf der Straße.
Jemand ringt mit seinem Dämon.
Dann kehrt wieder Stille ein.
Der Wind zaust die Blätter.
Die Vögel in ihren Nestern froh,
Wieder in den Schlaf geschaukelt zu werden.
Die Nacht wird kalt.
Ströme von Blut im Rinnstein
Warten auf den Sonnenaufgang.

IN DER GRIECHISCHEN KIRCHE

Die heilige Ikone der Mutter Gottes
Mit Mondlicht zu ihren Füßen
Wie eine Schale Milch
Für eine herumstreunende Katze,
Wenn sie am Morgen hereinschleicht.
Die Flammen der Kerzen
Beginnen zu flackern,
Wenn ihre Schritte sich nähern,
Die Heiligen über dem Altar
Mit aufgerissenen Augen
Wie von Kindern, die einen Geist erblicken.

DIE MASKE

Ein wenig Licht der untergehenden Sonne
Spielt noch in deinem Weinglas,
Als du auf der Vordertreppe sitzt,
Nachdem der letzte Gast gegangen ist
Und du zusiehst, wie es dunkel wird,
Das erste Glühwürmchen mit seiner Laterne
Beschwipst über den Rasen torkelt
Wie ein Schauspieler mit einer Maske,
Der eine Szene der Tollheit oder Verzweiflung mimt,
Die Mitspieler sind noch verborgen,
Der Wind und die Blätter liefern
Die einzige musikalische Begleitung.

SO MANCHER HEILIGE MANN

Drehte sich um und flüsterte in sein Ohr
In einer stillen Stunde der Nacht,
Um wieviel glücklicher er wäre,
Wenn er nichts begehrte,

Drängte ihn, nicht mehr bei den
Höhen und Tiefen des Lebens zu verweilen –
Einige noch in frischer Erinnerung –,
Die ihn in diese lausige Lage gebracht haben,

Und lieber Frieden zu schließen
Mit allem, was nicht zu ändern,
Zu verstehen oder gar zu lösen ist –
Wie Gott und das eigne Schicksal,

Und die verbleibende Zeit
Dem inneren Licht zu widmen,
Dass es ihn ohne Stolpern seinen Weg gehen lässt,
Wenn die Nacht ihn langsam verschluckt.

DAS RETTUNGSBOOT

Schaut die Kuh,
Nachts allein auf den Feldern,
Empor zu den Sternen?
Und die Grille,
Die eben verstummte?
Aus Ehrfurcht vor dem, was sie sah?

Der Nachthimmel liebt
Männer und Frauen, die auf Berge klettern,
Um sein Ohr zu erreichen.
Ach, was ich ihm alles sagen würde,
Wenn ich allein wäre
In einem Rettungsboot auf hoher See.

HINTER DEM FRIEDHOF

Es ist schön, hier im Schatten zu sitzen
An unserem kleinen Gartentisch,
Vor uns die Reihe von Brownstone-Häusern
In der späten Nachmittagssonne
Unter einem wolkenlosen Sommerhimmel.

Zusammen mit dem täglichen Horror
Bietet das Leben diese kleinen Vergnügungen:
Eine Platte frischer Austern auf Eis,
Eine reife, halbierte Zitrone
Und ein Glas Weißwein, eiskalt.

Wenn das Paar, das am Nachbartisch Händchen hält,
Plötzlich aufbrechen will,
Lass es ziehen.
Wir trinken in Ruhe unsere Flasche aus
Und suchen dann selbst ein Bett.

STERNENATLAS

Das ist doch Wahnsinn, Miss Dickinson!
Und dann der aufkeimende Verdacht –
Wir sind hier allein und nur Bauchredner
Für den einen, den wir Gott nennen.

Nur um sicherzugehen, hob ich meine Augen
Vom Sternenatlas zum Nachthimmel
Und fand dort einen winzigen Stern
Über einem schneebedeckten Feld.

Ein Rätsel mehr zum Grübeln für einen Jungen,
Als er sein Schulbuch schließt,
Ein schläfriger Bursche, der am Daumen kaut,
Als er seinen Kopf auf das Pult legt.

Sein morgiges Klassenzimmer leer;
Die große Wandtafel sauber.
Nur eine leise Stimme aus dem Fernseher
Des Hausmeisters am Ende des Flurs.

Eine schnelle Fahrt mit dem Wetter-Satelliten
Durch die öden und trostlosen nördlichen Regionen
Unseres Planeten sagt fallende Temperaturen
Und ein oder zwei Schneestürme voraus

In Gegenden, die man sich nur schwer vorstellen kann,
Wie diese Fotos von weit entfernten Nebelflecken –
Verschwommene Reste, wo einst die Bilder
Alter Götter hingen, die das Entsetzliche vor uns verbargen.

Die früher beliebte Sitcom, die jeder kannte
Und die von ihren Wutanfällen und ihrem Gezänk
Über das Schicksal der irdischen Untertanen handelte,
Wurde gestrichen, manche sagen für immer.

Die große Besetzung reiht sich nun ein in die Schlange
Der Arbeitslosen, windet sich um den Globus,
Stampft mit den Füßen und bläst in die Hände,
Um warm zu bleiben, wenn der lange Frost einsetzt.

NACHTEULEN

Süchtige der Selbsterfahrung,
Insassen innerer Gefängnisse,
Aufgespannt und geviertelt
Zwischen Körper und Seele,

Zeit und Ewigkeit im Blick,
Machen sie Werkzeuge
Aus deinen ekstatischen Visionen,
Um ihr Geheimnis zu knacken.

Schreiberlinge von Eingaben und Erlassen
Gegen einen heuchlerischen Gott.
Tolle Burschen mystischer Liebe
Auf deinem Weg zum Asyl.

Ihr Leidensgenossen, arme Teufel wie ich,
Und auch ihr schönen Frauen,
Jede an ihr eigenes Kreuz genagelt,
Lasst uns ein Nickerchen machen, wenn's geht.

SANFTES ERBARMEN

Ach, du einsames Laternenlicht,
Wie du versuchst,
So viel Licht wie möglich
Einer Spinne zu spenden, die ihr Netz flickt
In dieser Nacht im Herbst,
Bleib bei mir,
Wenn ich weiter und weiter treibe
Ins Dunkel hinein.

KOMM HER
UND HÖR ZU

Als ob man Augen bräuchte, um zu sehen.
RALPH WALDO EMERSON

I

MANCHE VÖGEL ZWITSCHERN

Andere haben nichts zu sagen.
Du siehst sie hin und her trippeln
Und dabei mit den Köpfen nicken.

Es muss was Wichtiges sein,
Das sie so närrisch macht –
Das Leben überhaupt, das Vogelsein.

Zu viel für ein winziges Hirn,
Um das allein auszuknobeln.
Doch ein Versuch schadet nicht, schätze ich,

Selbst bei dem ganzen Rabatz,
Den die Nachbarn anstellen,
Rennend und zankend, nonstop.

VERSTECKSPIEL

Hab keinen gefunden
Von der alten Gang.
Bestimmt verstecken sie sich noch,
Halten den Atem an
Und versuchen, nicht zu lachen.

Unsere Straße ist vom Pech verfolgt,
Zerbrochene Scheiben hier und dort,
Wo wir an Sommerabenden
Paare streiten hörten
Oder zum Radio tanzen sahen.

Der Rotschopf, in den
Wir alle verknallt waren,
Der rauchend bis spät in die Nacht
Auf der Feuertreppe saß,
Versteckt sich bestimmt auch.

Der dünne Junge
Auf Krücken,
Der immer ein Buch bei sich trug,
Ist wohl nicht
Sehr weit gekommen.

Früh wird es dunkel
Zu dieser Jahreszeit,
Macht es uns schwer,
Vertraute Gesichter unter denen
Von Fremden zu erkennen.

DAS BLINDE SCHICKSAL

Packt jemanden auf der Straße,
Lässt einen andern ungeschoren,
Wie die verrückte Alte,
Die dringend was sagen musste,
Aus dem du nicht schlau wurdest,
Die dich am Arm packte,
Bis du dich losrissest von ihr,
Bloß um dann an einen Bettler zu rumpeln,
Münzen aus seinem Becher zu verschütten
Und anhören zu müssen,
Wie er dich vor allen Leuten
Anmeckert und verflucht.
Was als nächstes kommt, weißt du nie.
Hier schmeißt das blinde Schicksal den Laden.

KOMM HER UND HÖR ZU

Ich wurde geboren – weiß nicht wann –,
Ein Klaps auf den Hintern
Und schreiend jemandem übergeben,
Der viele Jahre schon tot ist,
In einem Land, das es nicht mehr gibt,

Wo ich, wie ein Blatt vom Baum,
Das schöne Wetter vorbei,
Mich wirbelnd drehte, zu Boden wehte
Fast ohne Laut
Als leichte Beute für den Wind,

Segen oder Fluch – wer kann das sagen?
Mich regt das nicht mehr auf,
Denn ich hörte die Leute reden
Von einer blinden Dame namens Gerechtigkeit,
Die eifrig jedermanns Sorgen anhört,
Weiß aber nicht, wo ich sie finden

Und nach dem Grund fragen kann,
Warum die Welt es mal gut,
Mal schlecht mit mir meint. Doch nie
Würde ich sie als erster tadeln.
Blind, wie sie ist, das arme Ding,
Macht sie's, so gut sie kann.

DAS ALTE WAISENKIND

Für Andrew Periale

Die Spatzen im Rinnstein kannten dich
Und hüpften aus dem Weg,
So wie der von Windböen
Umhergeblasene Müll.

Ein paar Szenen aus deinem Leben
Sollten im Park von einem
Puppentheater aufgeführt werden,
Als starker Regen losbrach,

Die großen Bäume in Panik versetzte
Zusammen mit Müttern und Kindern,
Die kreischend nach Schutz suchten,
Wo immer sie ihn finden konnten,

Bis auf dich, du sitzt bereits in einer
Langen Reihe leerer Stühle und
Wartest, dass dein zorniger Stiefvater
Hinter einem Vorhang hervorkommt.

HIMMELSLAUF

Viel Leid erwartet uns, Freunde.
Von heute an
Erproben wir unser Glück
Wie ein Mann, der einen Draht
Zwischen zwei Wolkenkratzern spannt
Und sich anschickt, darüber zu gehen,
Mit einem offenen Schirm,
Den der Wind wegschnappen kann,
Wenn er auf halbem Weg ist,
Und dann seinen Spaß daran hat,
Ihn gegen Wände und Fenster zu schubsen.
Den Mann vergessen wir wahrscheinlich,
Der da oben mit den Armen fuchtelt
Wie eine Vogelscheuche im Sturm.

DER FALL

Einer schlägt mit den Armen, um den Fall zu stoppen
Einer besteigt eine Leiter, die er mitgebracht hat
Einer lugt in eine zerfledderte Bibel
Einer lacht ständig über einen Witz

Einer öffnet einen großen roten Schirm
Einer greift nach einem Strohhalm in der Luft,
Überglücklich, ihn einen Augenblick zu fassen,
Bestürzt, wenn er ihm einfach so entschlüpft

Du da oben, hast du je einen gerettet?
Ruft eine junge Frau aufgebracht
Als sie neben ihren Kindern fällt
Mit ihren Gedanken still und allein

SOMMERNACHT

Ein Schwarm halbnackter, tattoobedeckter Körper
Schiebt sich über den Gehsteig,
Vorbei an einem erhobenen, bluttriefenden Dolch
Und einer geflügelten Schlange kurz vor dem Angriff.

Jungs rauchen Joints und werfen Körbe
Auf dem dunklen Spielplatz. Betrunkene Alte
Brummeln auf Parkbänken vor sich hin,
Knallbunte Vögel und Fledermäuse huschen vorbei,

Jeder von ihnen hat eine geheime Bedeutung,
Die ihr Besitzer gern mitteilen würde.
Sei nicht so blöd, stehen zu bleiben und nach
Dem Spiderman auf der Glatze zu fragen

Oder dem Todesengel auf einem Mädchenrücken,
Als sie zum Eingang eines Clubs drängen,
Wo ein Geck im weißen Smoking
Die riesige Tanzfläche ganz für sich hat.

METAPHYSIK ANONYM

Eine Ladenkirche im Slum,
Wo wir uns abends versammeln
Zur Beichte unserer fatalen Sucht
Nach Wissen jenseits der Erscheinungen,

Familie und Freunden entfremdet,
Während wir uns den Kopf zerbrechen, ob
Die Welt, die wir sehen, wirklich da draußen ist
Oder unseren Geist nie verlässt.

Das Unwirkliche unserer Bitte um Hilfe,
Ein weiteres Dilemma zum Grübeln,
Als wir uns gesenkten Hauptes anstellen,
Da Kaffee und Kekse serviert werden.

VERRÜCKTE LEUTE

Nur Vögel und Tiere sind heutzutage
Normal und ein Gespräch wert.
Es macht mir nichts aus, auf ein Pferd zu warten,
Bis es aufhört zu grasen und mich ausreden lässt.

Selbst ein Baum ist bessere Gesellschaft.
Eine Eiche, stolz auf ihre vom Laub
Schweren Zweige, zu höflich,
Fremde lauter als flüsternd anzusprechen.

Eine Krähe wäre ein guter Freund.
Die ich im Auge habe,
Kennt mich gut, ist aber zurzeit
Mit etwas beschäftigt, das sie im

Nachbarhof erspäht hat, als sie über
Die verbrannte Erde ging, wo
Vor Jahren ein Dutzend Hühner herumstolzierte
Und ein Hahn den ganzen Tag krähte.

SEIFENBLASEN

Sie rissen den vergammelten Block ab
Mit den kleinen düsteren Läden
Samt ihren staubigen Auslagen
Von Liebeskettchen, Nasenringen,
Tarotkarten und Räucherstäbchen,
Wo ich einmal einen jungen Mann
In einem blutigen weißen Hemd
Seifenblasen in die Luft pusten sah,
Sein Gesicht hübsch und unerschüttert,
Außer wenn er die Backen aufblies.

SPÄTÖFFNUNG

Ein Kleinstadt-Waschsalon, hell erleuchtet,
In einer Straße mit dunklen Schaufenstern,
Dort studiert ein betagter Elvis eine Seite
In einem zerlesenen Männermagazin.
Am Nachthimmel ein paar ungleiche Wolken,
Eine schwebt oben wie eine Totenmaske,
Ihre leeren Augenhöhlen saugen das alles ein,
Während seine verschlissene Jeans in der Maschine kreist.

PST

Mach nicht pst
Mit einem Finger
Auf den Lippen,
Du im Sitz hinter mir im Kino
Oder in der Kirche,
Wo ich meinen Kopf zum Beten senke,
Oder in dieser Kneipe,
Wo ich der einzige Gast bin,
Wenn du mich
Aus einer dunklen Ecke scheuchst,
Als ich mit geschlossenen Augen
Vor mich hinsumme
Und Gott-weiß-was denke.

ASTRONOMIESTUNDE

Das stille Lachen
Der Sterne
Am Nachthimmel
Sagt uns alles
Was wir wissen müssen

II

ETWAS BÖSES IST DA DRAUSSEN

Das erzählen die Blätter uns heute Nacht.
Hör ihre Panik und dann das Verstummen,
Und obwohl wir die Ohren spitzen, hören wir nichts –
Was noch erschreckender ist als etwas.

Minuten scheinen zu vergehen oder ganze Leben,
Während wir warten, dass es sich zeigt,
In diesem Moment oder bestimmt im nächsten?
Wie die Bäume uns eilig glauben machen,

Wenn ihre Zweige ans Haus klopfen,
Um eingelassen zu werden, und dann zögern.
Alle Blätter fallen still im Gleichklang,
Als wollten sie unsere Furcht nicht vermehren,

Wo doch da draußen etwas Böses lauert
Und uns näher und näher rückt.
Das Haus dunkel und still wie eine Maus,
Falls eine den Nerv hatte dazubleiben.

SCHRECKEN

Sah eine Kröte
aus kochendem Wasser springen
Sah ein Hähnchen
auf einer Herdplatte tanzen
in einer Spielhalle
Sah Etrusker in einem Museum
Sklaven auspeitschen
unter der Begleitung
von Pfeifen und Flöten
Sah eine Palme
die schneller sein wollte als ein Hurrikan
Sah Meereswellen
an Land stürzen
manche voll Wut
manche in Furcht
vor dem was sie vorfinden
Sah Männer und Frauen
ihren Kopf verlieren
und überall danach suchen
Sah auf langer Tafel
ein Festmahl aufgebaut
zu dem nur Krähen kamen
Sah einen Hund fortgehen
belfernd wie ein Prophet von ehedem
Sah Ratten und Mäuse
erschreckt durch
Labyrinthe laufen
Verkünder
der Übel die nahn

NACH DER BOMBARDIERUNG

Lag eine große Stadt in Schutt und Asche,
Als du dich in der Hängematte regtest,
Die Augen zumachtest und
Die eben gelesene Zeitung
Aus der Hand zu Boden fallen ließest,
Wo sich die Nachmittagsbrise
Für sie interessierte und sie
Hin und her über den Rasen
Zum benachbarten Wald trieb,
So können die Eulen, sobald es Nacht wird,
Die Schlagzeilen studieren und
Mit ihrem Rufen ab und zu
Mäuse in ihrem Versteck aufschrecken.

BRANDSTIFTUNG

Hemden stiegen hoch an Nachbars Wäscheleine,
Ein oder zwei versuchten zu fliegen,
Als drei Feuerwehrwagen vorbeirasten,
Um eine in Flammen stehende Kirche zu retten.

Die von dem Scheiterhaufen heimkehrenden Leute
In ihren zerfetzten Sonntagskleidern
Sahen aus wie ein Trupp Vogelscheuchen,
Die die Bank von ihrer Farm verjagt hatte.

Über den Feuerteufel waren wir im Zweifel:
Ein Bengel, der eine neue Droge ausprobiert,
Oder ein betrunkener Ex-Soldat voll Wut auf Gott
Und Land, weil sie ihn zum Krüppel machten.

EINE GRIECHISCHE GESCHICHTE

Für Hugh und Alisa

Wo kann ich kochen für diese Leute
Deren Boot auf See gesunken ist
Fragte die alte Frau reihum
Wo kann ich kochen für diese Leute

Zusammengedrängt und weinend
Oder alleine mit ihrem Leid
Wo kann ich kochen für diese Leute
Die heute bei Sturm zu uns kamen

Der Himmel hört die Schreie nicht
Der Ertrinkenden, ich aber wohl
Wo kann ich kochen für diese Leute
Fragte die alte Frau reihum

Und die an Land gespülten Toten
Öffneten die Augen wie Kinder,
Aufgeschreckt aus einem schlechten Traum,
Und drängten herbei, ihre Hand zu küssen

WANDERSCHAUSPIELER

Tragen einen Soldatensarg in dunkler Nacht
Durch ein kleines, schlafendes Dorf,
Ziehen dann still in einen Hof,
Hoffen, dass kein Hund bellt, kein Kind weint
Und wer immer erwacht hinausschaut,
Als sie sich fertig machen und die Rollen verteilen,

Um, ohne ein Wort zu sagen, eine Szene
Aus dem Leben ihres Nachbarn zu spielen,
Nun schon fern und unbegreiflich,
Als wäre er ein Rauchfetzen gewesen,
Der kurz über einem Dach verweilte,
Als unser Blick sich anderem zuwandte,

In diesem von seinen Kriegen betäubten Land,
Das auf Klagen und öffentliche Trauer verzichtet,
Bis auf die eine blasse Gestalt, die mit
Ausgestreckten Armen vortritt und Gott um einen
Bühnenzauber bittet, der ihren Sohn vom Ort,
Wo er liegt, aufstehn und mit ihnen heimgehen lässt.

UNSER PRODUKT WIRD IHNEN GEFALLEN

Ein Käfig, groß genug, einen Mann einzupferchen,
Den Sie daran erinnern wollen, dass er nicht besser ist
Als ein streunender Hund, der darauf wartet,
Vom Tierschutzverein umgebracht zu werden.

Damit Sie sorglos ruhen können, sind
Unsere Käfige mit Rücksicht auf Ihre Sicherheit gebaut
Und stabil genug, Wutausbrüchen und
Selbstmörderischer Verzweiflung standzuhalten.

LEICHTER SCHLÄFER

Du warst Zeuge
So vieler Verbrechen
In deinem Leben, mein Freund,
Kein Wunder, dass man dich
Fast jede Nacht trifft,
Wie du in einem Prozess aussagst,
In einem Land,
Dessen Sprache
Du nicht einmal sprichst.

Die Verfahren
Brutal langsam,
Immer mehr Leichen
Bringt man herein,
Mit grässlichen Wunden
Wie du sie mit
Eigenen Augen sahst
Und auf Fotos.

Du wirst gebeten,
Morgen wiederzukommen,
Du taumelst also
Noch einmal aus dem Bett
Und tastest dich vorwärts
Zum stillen,
Überfüllten Gerichtssaal,
Wo man bereits tagt,
Gleich am Ende des Gangs.

MONSTER

Nach Ovid

Diesmal wollte der Göttervater,
Gründlich angepisst
Von den betrügenden, lügenden Kerkopen
Und ihrer mordgierigen Art,
Sie endlich verwandeln
In kreischende Affen,
Zögerte aber, wurde unsicher,
Erwog stattdessen Schakale,
Giftschlangen, dachte, vielleicht passt
Eine fettige Ratte in der Gosse
Besser zum Typ, doch in der Tat:
Im Bestiarium konnte er
Von A bis Z nicht eine Art finden,
Die der ungeheuren Fähigkeit zum Bösen
Dieser schrecklichen Kreaturen gleichkam,
Nicht einmal unter »tödlichen« Spinnen
Und Friedhofswürmern,
Deren Betragen nicht zu tadeln ist.

IN MEINER KIRCHE

Du bist der Herr der Gebrochenen,
Der in einer langen Nacht der Qual
Im Keller eines Kerkers
Gekreuzigten und Verbluteten.

Du inspizierst die Instrumente
Der Grausamkeit und berührst sie
In Ehrfurcht vor dem Stolz
Dieser Männer auf ihr Metier,

Während ihre Frauen und Mütter
Sich zur Frühmesse aufmachen,
Wohin auch du jetzt eilen musst,
Ehe sie deine gebrochenen Glieder,

Dein Gesicht am Kreuz vermissen,
Ein oder zwei Kerzen brennen noch
In deiner erschreckenden Abwesenheit
Unter der dunklen, majestätischen Kuppel.

UNTER MEINEN SPÄTEN BESUCHERN

Ist auch eine Kuh,
Deren Augen die Soldaten
Mit einem Messer entfernten,
Unter deren Schwanz sie Stroh anzündeten,
So dass sie blindlings
Durch ein Minenfeld rannte
Und danach in meinen Kopf
Dann und wann

OH GROSSER BESTIRNTER HIMMEL

Wohin unsere Gedanken gehen
Wie Bibelverkäufer von Tür zu Tür,
Nur damit man ihnen die Tür
Vor der Nase zuschlägt.

BEI GIUBBE ROSSE IN FLORENZ

Für Charles und Holly Wright

Der ist ein Weiser, der auf die Zukunft verzichtet
Und das Hier und Jetzt genießt,
Über eine Schüssel Gnocchi gebeugt,
In diesem Laden, wo wir mittags
Alle dasselbe dampfende Gericht bestellen,
Von dem jeder cremige Löffelvoll es verdient,
Gründlich abgeschleckt zu werden.

Zu Boden gefallene Zeitungen
Mit schreienden Schlagzeilen,
Über die schmutzige Schuhe trampelten.
Der letzte lange Schluck Wein lässt
Den einen nachdenken, den andern
Vor sich hin lächeln, wenn er aufsteht
Und in den Taschen nach Trinkgeld sucht.

SCHLEPPSCHIFF

Bringt die Sommernacht ein
Über die stille purpurne See,
Als wäre sie ein mit Kohle gefüllter Kahn.
Die Reihen der Witwen-Decks
Stehn weiß und verlassen
Entlang der felsigen Küste.
Die leidgeprüften Frauen
Der Walfängerkapitäne
Sind in Familiengrüften begraben
Da und dort auf den dämmrigen Hügeln.
Das blutrote Auge der sinkenden Sonne
Ist für sie auf der Wacht.

DIE LETZTE LEKTION

Geht über nichts.
Nicht über Liebe oder Gott,
Sondern über nichts.
Du bist wie ein Neuer in der Schule,
Der Angst hat, den Lehrer anzusehen,
Während er sich bemüht zu verstehen,
Was sie sagen
Über dieses Nichts

III

MEDITATION IN DER GOSSE

Über schöne Dinge.
Flüchtige Dinge.
Wie der Duft einer Sommernacht
An der Ecke von Christopher und Bleecker,
Still und verlassen,

Als ich dort
An einem Briefkasten lehnte,
In den ich vor Jahren
Einen Liebesbrief warf
Und nie Antwort bekam.

Da kam eine Katze auf mich zu,
Eine Pfote erhoben,
Als wollte sie mich aufmerksam machen
Auf die arglistigen Fäden,
An denen unser Leben hängt.

SELTSAME SÜSSE

Glücklich, wer seine wachen Stunden in der
Wärme jener seltsamen Süße verbringt,
Die jede Sorge in der Welt nimmt,
Außer der einen, die seine Liebe betrifft

Zu einem Mann, einer Frau, die nicht ahnen,
Dass ein Fremder sie liebt,
Während auch sie Gedanken nachhängen
Über einen anderen, der nichts davon weiß,

Die Länge eines endlosen Sommers
Mit sengenden Tagen und schwülen Nächten,
Wenn hinter dunklen offenen Fenstern
Viele schlafen, nackt, allein oder zu zweit.

MEIN KLEINES HIMMELREICH

Warum der schmiedeeiserne Zaun
Mit den üblen Spitzen
Und vier Schlössern und einer Kette
Zur Sicherung des schweren Tors?

Ich komme dann und wann vorbei
Und prüfe, ob es entriegelt ist,
Spähe durch die Stäbe
Auf Reihen schöner Blumen

Und die baumgesäumte Promenade
Mit Sonnenscheinstreifen.
Dort hüpft ein kleiner Piepmatz herum,
Irgendwas freut ihn königlich.

IMPONDERABILIEN

Ich binde in mein Herz Knoten,
Deinetwegen, Baby.
Knifflige Seemannsknoten
In der Nacht,
Große Henkersknoten
Im Morgengrauen.
Pling, sagte die lecke Dachrinne
Zum dicken Eimer,
Der unten verschmachtet.

BETTMUSIK

Unsere Liebe war neu,
Doch die Bettfedern alt.
Einen Stock tiefer
Stutzten sie beim Essen,
Die Gabeln in der Luft,

Während wir weiter
Unsere Lieblinge spielten:
»Shake It Baby«,
»Slow Boogie«,
»Shout, Sister, Shout«.

Das war die Höhe!
Sie riefen die Bullen.
Bringt ihr das Bier?,
Fragten wir die Männer in Blau,
Als sie die Türe eintraten.

DAS HÜHNERHAUS BRENNT

Luftschlösser waren sein Ding.
Man sah ihn mit einem Fes in Marokko –
Oder war es am Nordpol?
Und einem Mädchen im Hundeschlitten.

Daheim brach die Hölle los,
Als seine Frau dahinter kam,
»Das Hühnerhaus brennt«,
Sagte er seinen Zechkumpanen,

Tauchte hier auf und dort,
Befragte einen Wahrsager in Neapel,
Winkte aus einem Zug in Brasilien
Und verschwand wie der Teufel,

Von dem ein früher Forscher behauptete,
Er habe ihn Flöte spielen und tanzen sehen
Auf einem Felsen draußen im Pazifik,
Den später kein Schiff mehr finden konnte.

DIE VIELEN LAURAS

Ach, ich brenne und man glaubt mir nicht
Petrarca

Ich liebte drei verschiedene Lauras,
Zum einen oder anderen Zeitpunkt,
Sie lachten zu allem, was ich sagte,
Derweil ich heimlich Tränen vergoss.

Selbst beim Beten in der Kirche lächelten sie
Beim Gedanken an mich,
Selbst in den Armen eines anderen Mannes
Versteckten sie ihr Grinsen.

So etwa stellte ich mir das vor,
Denn ich sah sie niemals wieder.
Die Stadt war riesig, man konnte leicht
Verloren gehen wie sie wohl auch.

Petrarca, du liebtest nur eine Laura
Und schriebst hunderte Gedichte an sie.
Ich liebte drei, aber schrieb nur eins,
Und das ist nicht einmal gut.

DER AMERIKANISCHE TRAUM

Wenn Arlene vor dem Spiegel
Auf der Kommode die Nase pudert
Und ihre nackten Brüste beäugt,
Die Puderquaste nach unten rutscht
Und eine Brustwarze streift,
Während ein Prediger im Fernsehen
Seine Gemeinde einlädt, zu beten
Und ihm heute Geld zu schicken,
Nennt man das Der Amerikanische Traum.

ZWISCHEN DEN RUINEN

Drückst du deine Nase, Alter,
Gegen ein leeres Schaufenster
Wie ein Fisch ans Bullauge eines Schiffs,
Das am Meeresgrund rostet,
Und erwartest, dass ein oder zwei Geister

Dir in die verlassene Straße folgen,
Als du in ein Kino schlüpfst,
In seinen Ruinen Platz nimmst
Wie ein hochdekorierter Soldat
In einem Mausoleum für die Kriegstoten,

Ehe du dich aufmachst zum Bahnhof,
Dessen Turm wie ein biblischer Fluch
Zwischen graffitibedeckten Mauern aufragt,
Um deinen schicken jungen Vater abzuholen,
Der mit dem Abendzug heimkehrt.

DAS URTEIL

Ein früher Lichtstrahl, eine Qual
Für jedes menschliche Auge,
Als würde die Nacht durch ein Messer zerhackt,
Bereit, von einem Dach einen Schlag
Gegen die unten liegende Stadt zu führen,

Paare in Hauseingängen zu trennen,
Andere in den Betten zu zwingen,
Ihre Nacktheit zu bedecken,
Ehe er sich einem Burschen nähert,
Der aus einem kleinen Hotel stürzt,

Und ihn jäh innehalten lässt,
Als hätte er eben gehört, wie ein Richter
Sein Urteil verkündet,
Und die Puppen in den Schaufenstern
Entlang der Allee schlagartig weckt.

GLEICH UND GLEICH

Ich mag die schwarzen Tasten lieber
Ich mag die Lampen heruntergedimmt
Ich mag Frauen, die alleine trinken
Während ich am Klavier hocke
Und nach all den hübschen Noten suche

RASTHOF

Tod, der bleiche Dieb,
Der alleine arbeitet,
Hinten in einem Nachtimbiss
Seinen Kaffee schlürft
Und Pläne schmiedet,
Wie er einem Brummifahrer
Heute Nacht sein Leben raubt,
Wenn der die Augen
Über dem Lenkrad schließt,
Dabei an eine hübsche Anhalterin denkt,
Die ihm zum Abschied winkt
Und in seinem Rückspiegel
Mitsamt den fliehenden Lichtern
Immer kleiner wird.

DIESER JUNGE BURSCHE

Der sich mit einem kleinen Kiesel anfreundete,
Den er an einem heißen Sommerabend
In seinem Turnschuh fand,
Und stramm an ihm festhielt,
Als er durch die belebten Straßen ging,
Seinen wunden Fuß nachzog,
An leicht bekleideten Männern und Frauen vorbei,
Die auf dem Gehsteig feierten,
Außer ihm, lahm und leidend
Und bestrebt, unsichtbar zu bleiben,
Bis Jesus kommt, uns alle zu richten,
Es sei denn, eine alberne Miss
Beschließt, ihn zu küssen, jetzt.

HE, GROSSMAUL

Wie ein Selbstmörder,
Der an einer Hand
Vom Geländer hängt,
Führt diese Spinne Selbstgespräche,
Flucht dazu,
Als sie hin und her
An einem Faden schwingt,
Ihre Stimme in meinem Kopf
Lauter klingt,
Liege ich hellwach
In dem großen alten Bett.

EIN TAG WIE JEDER ANDERE

Das alte Paar jätet Unkraut
Seite an Seite im Garten,
Ihr Hund gleich dahinter,
Schwanzwedelnd, will helfen.

Ein Leben in völliger Unkenntnis,
Was in der Welt vor sich geht,
Ist das wohlgehütete Geheimnis
Ihres lebenslangen Glücks.

Verliebte Schlafwandler, seht hin,
Wie sie einander die Hand reichen,
Wenn ihre Arbeit getan ist,
Rein wie Engel und stolz wie Teufel.

IV

DIE HAND AN DER WIEGE

Zeit – dieser Mörder
Den keiner bisher gefasst hat.

SONNTAGSGOTTESDIENST

Der Gockel trägt eine Bischofsmütze,
Vier Hennen folgen ihm nach,
Gluckend und mit den Köpfen
Zu seiner Morgenpredigt Beifall nickend.

Auch der schwarzweiße Köter im Hof
Hat die Religion entdeckt,
Bellt eine fremde Katze oben im Baum an,
Als wäre sie der Teufel selbst.

Descartes philosophierte am besten, so höre ich,
Beim Faulenzen im Bett bis nachmittags.
Ich nicht! Ich bin auf dem Weg zum Müllplatz
Und winke den Nachbarn, die zur Kirche gehen.

ZAUBERKREIS

Dieses Festmahl
Goldener Kuchenkrumen
Auf unsrem Frühstückstisch verstreut
Könnte einen
Schwarm Wildvögel satt machen

Wir sollten
Draußen im Hof
Das Tischtuch ausschütteln
Wieder ins Bett gehn
Und sie einfach
Ihr Glück bezwitschern lassen

Ohne auch nur
An Flucht zu denken
Wenn deine Mutter
Einen Mopp
Aus der Küchentür hält
Und den Strubbelkopf
Schüttelt

VÖGEL IN DER DÄMMERUNG

Für Adam Zagajewski

Der Sonnenuntergang hinter dem See
Ließ einen von ihnen kreischen
Und bewegte andere, einzustimmen
In vergleichbarer Pein.

»Selbst Vögel hassen die Poesie«,
Sagte mal jemand – das fällt mir ein,
Als sie eben verstummten,
Während Schatten sich über das Wasser dehnten
Und die Feuer erstickten.

Doch obwohl wir gespannt
Den Atem anhielten,
Gab es keine Beschwerden mehr
Aus ihren Nestern.

RÜHR DICH NICHT

Als die alte Uhr,
Die mit ihrem lauten Ticken
Die Toten weckte, schließlich schwieg,
Zog die Ewigkeit ein.
Ein Spiegel blickte zur Tür
Mit Hundeaugen
Und bettelte um
Einen langen Spaziergang.

NÄCHTLICHES QUIZ

Fürchtet Charles Simic den Tod?
Ja, Charles Simic fürchtet den Tod.
Betet er zum Herrn da oben?
Nein, er schäkert mit seiner Frau.

Sein Gewissen, quält ihn das sehr?
Manchmal kommt es auf einen Plausch vorbei.
Ist er bereit, vor seinen Schöpfer zu treten?
So wie ein Eichhörnchen, das über die Straße läuft.

Gleich einer leeren Bierdose, die ein Junge
Hoch wie einen Drachen
Aus einer dunklen Straße in eine andere kickt,
Stolpert und fällt er inzwischen.

WÜRFEL

Gib acht, wie sie mit ihrem Schicksal ringen
    als sie dahin hüpfen und rollen
alle Vorsicht in den Wind schlagen
    um dem Schicksal zu trotzen

oder von einer Hand zurückgeholt werden
    fest gepackt zwischen
Daumen und Zeigefinger
    Zauber und Gebet über sie gesprochen

um sich von der Luft getragen zu finden
    wie zwei alberne Verliebte
die sich totlachen
    als sie nackt ins Bett springen

und nachher im Klee aufwachen
    oder im Straßengraben
ramponiert und grau wie zwei kleine Zehen
    die aus einem alten Turnschuh gucken

voll Lust ihr Glück noch einmal erproben
    und – wenn's sein muss – als neues
Spielzeug für die Katze enden
    Totengräbers Gabe an seinen Knaben

BIST DU DAS?

Auf des grimmen Schnitters Knie
Hopsend wie ein Baby
Und auch lächelnd.
Keine Zähne, doch welch ein Grinsen!
Jeder ist verliebt in dich.
Man sagt, der Tod
Verbarg sein Gesicht in der Haube,
So konnte auch er lächeln.

SO GEHT ZUMINDEST DIE GESCHICHTE

Nachdem die Brust
Des heiligen Sebastian
Von Pfeilen durchbohrt war
Wurde er
Gesund gepflegt
Von einer reichen Witwe in Rom
Mit Hilfe
Einer blinden Dienerin
Deren sanfte Schritte
Ich gehört haben mag
Als sie nachts mein Zimmer
Betrat und verließ
Und deren Name
Ich gerne gewusst hätte
Um im Dunkeln nach Hilfe zu rufen.

VERSCHNAUFEN

Auf den Stufen einer prächtigen Trauerhalle,
Bis ein paar Leichenbestatter
Oder wer diese Herren auch sein mochten,
Mich baten zu gehen, aber wohin?

In dem Laden gegenüber
Drehten die drei Bräute im Fenster
Ihre hübschen Köpfe nach mir um,
Als hätten sie beschlossen, mit mir zu kommen.

Gestreifte Hosen und schwarzer Frack,
Auf und ab schreitend wie Krähen
Über frischem Aas auf der Straße, haut ab!
Heute rühr ich mich nicht vom Fleck.

DER WITZ

Zu lange habe ich gesucht,
Wofür ich keinen Namen hatte,
Bis ich eines Tages
Meine Faust öffnete

Und darin ein
Sandkorn fand.
Wer macht so einen Witz?
Ich hatte keine Ahnung.

Meine Hand wurde schwer,
Als ich sie ausstreckte
Wie ein blinder Bettler,
Der glaubt, er höre Schritte.

NACHDEM DU DEIN GEBET GESPROCHEN HAST

Du, der du mein Schweigen satt hast,
Wenn du zu dieser Stunde noch wach bist,
Höre mir zu, weil ich dir sage, warum
Ich mich fürchte vor dir und mit Bedacht
In einem Baum versteckt bleibe,
Wo ich wie eine deiner Eulen sitze
Und grüble, während Jahrhunderte vergehen.
Dann und wann fällt ein Stern am Himmel.
Das Meer schickt mürrisch noch eine Woge
Gegen die Felsen und rät mir zu bleiben,
Wo ich bin, auch wenn ich Gott bin.

GEISTERSCHIFF

Diese seligen Augenblicke,
    die vorgeben,
Sie blieben für immer bei uns –
Bald dahin
    ohne Abschiedsgruß.
Warum die Eile?,
    hörte ich mich sagen.

Du hast das Recht
    zu schweigen,
Sagte die Nacht mir,
    als ich im Bett saß,
Pläne machte,
    wie ich den nächsten
In meinem Kopf festhalte.

Ich sehe ein Fenster vor mir, aufgestoßen
    an einem Sommertag
Mit einem grandiosen Blick auf die Bucht,
    und in dem ganzen Blau eine Wolke,
Bleich wie das Pferd,
    Das der Tod gerne reitet.

Immer schön, Luftschlösser zu bauen,
    sagte mir
Die einsame Wolke,
    als sie aufs Meer hinaustrieb
Zu einem
    Schiff am Horizont,

Das schon Segel
    gesetzt hatte
Und dabei war, aus dem Blick
    Zu verschwinden
Auf dem Weg zu einem Hafen
    und einem Land
Ohne Namen.

    Ein Geisterschiff
Ganz sicherlich,
    doch gleichwohl meins.

LETZTES PICKNICK

Ehe die Herbstregen kommen,
Wollen wir noch ein Picknick machen,
Jetzt, wo die Blätter die Farbe wechseln
Und das Gras an manchen Orten noch grün ist.

Brot, Käse und ein paar blaue Trauben
Sollten genügen,
Und eine Flasche Wein, um den verdutzten
Krähen zuzuprosten, als sie uns entdecken.

Wenn es kalt wird – und das wird es –, halt ich dich fest.
Die Nacht kommt früh.
Wir mustern den Himmel und hoffen auf das Licht
Des Vollmonds für unseren Weg.

Und wenn keiner da ist, setzen wir all unser Vertrauen
In deine Streichholzbriefchen
Und meinen Richtungssinn
Bei der Suche nach unsrem Zuhause.

DER HALT IM ABGRUND

Charles Simic ist ein Flaneur. Er tut nichts lieber, als durch eine Stadt
zu streifen und zu beobachten: Mütter und ihre Kinder, Männer und
Frauen, Alte und Junge, Spielplätze, Bäume, Hunde, Katzen und Vögel,
vor allem Krähen. Er geht an Wolkenkratzern und Sportplätzen vor-
bei, blickt auf Werbetafeln, in Restaurants, in die erleuchteten Fenster
der Wohnungen, die Kirche und den Waschsalon. Die auf den Spazier-
gängen gesammelten Eindrücke werden zu einem »geheimen Foto-
album« in seinem Kopf mit einem Bildervorrat, auf den er jederzeit
zurückgreifen kann. Jedes Bild, jede Szene ist ein »kleines Universum
für sich, für den forschenden Blick unerschöpflich«. Diese Moment-
aufnahmen bilden den Kern von Simics Gedichten. Sie bleiben aber
keine »Stills«, sondern sie entwickeln sich, sie sind in Bewegung. Man
könnte sie mit einem Polaroidfoto vergleichen, das vor unseren Augen
reichere Konturen gewinnt.

   Verfolgt man Simics Schreiben über einen längeren Zeitraum,
zeigt sich, dass Experimente ihm eher fernliegen: Ton und Gegenstand
der Gedichte sind keinen wesentlichen Veränderungen unterworfen.
Diktion und Syntax sind einfach, ebenso die äußere Form. In den bei-
den hier übersetzten Bänden *Im Dunkeln gekritzelt* (2017) und *Komm
her und hör zu* (2019) bestehen fast alle Texte aus drei oder vier Stro-
phen, die ihrerseits aus jeweils vier oder fünf reimlosen Tetrametern
oder Pentametern komponiert sind. Längere Gedichtfolgen, Balladen
oder mehrteilige Zyklen, wie sie frühere Veröffentlichungen gelegent-
lich enthielten, treten nicht mehr auf. Auf den ersten Blick scheinen
sich daher für den Übersetzer formal kaum größere Herausforderun-
gen zu bieten. Die Schwierigkeiten sind, so wie das Spiel mit überlie-
ferten Gedichtformen und Zahlen, verborgen. Der schlichte, manch-
mal saloppe Ton täuscht darüber hinweg, wie kunstvoll, ja raffiniert

die Gedichte gearbeitet sind. Zwar gibt es keine offensichtlichen Reime, wohl aber zahlreiche versteckte Reime, schräge Reime, Assonanzen, Alliterationen und einen zwar freien, aber sehr bewusst dem Gegenstand angepassten Rhythmus. Auch Simics Vorliebe für geheime Dialoge mit anderen Dichtern, z. B. Emily Dickinson, Herman Melville, Adam Zagajewski, oder für Zitate, Sprichwörter, Songzeilen oder Filmtitel erschweren die Übertragung.

»Only a few words to play with« – nur ein paar Worte, um damit zu spielen –, darin liegt für Simic der Ursprung eines Gedichts. Ein paar Worte, die ihn auf einen Weg führen, dessen Ziel er anfangs nicht kennt, von dessen Krümmungen, Steigungen, Abwärtsbewegungen er sich bereitwillig überraschen lässt, und dessen Ende er oft erst nach Wochen oder Monaten erreicht – und selbst dies möglicherweise nur vorläufig. Simic arbeitet unermüdlich an seinen Texten. Es gibt eine Reihe bereits publizierter Gedichte, die, gelegentlich erst nach Jahrzehnten, in neuen Gedichtbänden wieder auftauchen, manchmal unter dem gleichen Titel in veränderter Gestalt, manchmal unter einem anderen Titel, manchmal bleibt nur eine Zeile des ursprünglichen Gedichts erhalten. Der furiose Zyklus *White*, eine Art Simic'scher Poetik (zuerst publiziert 1972), existiert in mindestens fünf verschiedenen gedruckten Versionen. Im vorliegenden Band gehören zu den Überarbeitungen u. a. »In meiner Kirche« (1999 in *Jackstraws* unter dem Titel »Obscurely Occupied«), »Mein kleines Himmelreich« (*Jackstraws*, »My Little Utopia«), »Verschnaufen« (*Jackstraws*, Titel unverändert), »Meditation in der Gosse« (1996 in *Walking the Black Cat*, Titel unverändert (dt. »Grübelei im Rinnstein«), »Monster« (1994 in *A Wedding in Hell*, unter dem Titel »The Story of Cercopes«), »Zimmer frei« (1992 in *Hotel Insomnia*, Titel unverändert).

Charles Simic ist ein Flaneur ohne die Blasiertheit des Flaneurs. Die Welt, die aus den auf seinen Spaziergängen gesammelten Fragmenten entsteht, ist keine heile Welt. Armut, Gefahr, Gewalt, Schmerz,

Einsamkeit und Tod sind überall gegenwärtig, offenkundig sichtbar oder dunkel spürbar: Zerstörte Städte, heruntergekommene Blocks, verlassene Straßen, ausgestorbene Hinterhöfe, mit Graffiti beschmierte Mauern, leere Läden und leere Kirchen, Friedhöfe und Bestattungsinstitute sind die wichtigsten Schauplätze. Sogar die Natur ist meistens abweisend, frostig, verschneit, die Bäume sind kahl. Idyllische Szenen werden vor eine dunkle Folie gestellt, sind »dunkle Gedanken an sonnigen Tagen«: Im endlosen Sommer schlafen viele allein, das kleine Himmelreich versperrt ein mit übel aussehenden Spitzen versehenes Tor, im Duft einer Sommernacht denkt das Ich an die Tücken des Schicksals. Eine unbestimmte Angst beherrscht die Atmosphäre der Gedichte. Überall lauert »da draußen etwas Böses«. Was zunächst wie eine harmlose Beschreibung daherkommt, kippt rasch ins Unheimliche, manchmal direkt und brutal, manchmal mit Hilfe überraschender Vergleiche und Metaphern angedeutet: ein Turm, der wie ein biblischer Fluch emporragt, die Zeit, die wie eine verletzte Fliege dahinkriecht, Wolken wie Totenmasken, Licht, das am Stock geht. Wie ein roter Faden durchziehen Reminiszenzen an die durch den Zweiten Weltkrieg geprägte Kindheit in Belgrad Simics Texte; eine Kindheit, die kein Ort der Geborgenheit war, sondern eine erschreckende, von Gewalt geprägte Welt. Die Erfahrungen jener Zeit, die durch den Jugoslawienkrieg der 90er Jahre des 20. Jahrhunderts und den Irakkrieg des frühen 21. Jahrhunderts neue Nahrung erhielten, scheinen wie dunkle Wolken über allem zu hängen, was nur im Entferntesten an sie erinnert. Überhaupt wird der Ton mit dem Alter zunehmend düsterer. Augenblicke der Ruhe, der Kontemplation, des Genusses, wie sie früher häufiger zu finden waren, sind jetzt selten.

Seit Simic 1954 im Alter von 16 Jahren in die USA einwanderte und 1967 seinen ersten Gedichtband *What the Grass Says* (Was das Gras sagt) veröffentlichte, erschienen in rascher Folge, durchschnittlich alle zwei Jahre, fast vierzig Gedichtbände und etwa zehn Bände mit Prosatexten, Rezensionen, Überlegungen zur bildenden Kunst, autobiographischen Reminiszenzen und politischen Interventionen. Charles Simic ist nach wie vor ein kritischer, ein engagierter, manchmal ein zorniger Beobachter des Zeitgeschehens in seiner neuen Heimat wie im Land seiner Geburt, das heute als politische Einheit von der Landkarte verschwunden ist. Das Titelgedicht des Bandes *Komm her und hör zu* stellt in seinem ersten Teil eine Art Autobiographie dar: Das lyrische Ich wurde in einem Land geboren, das es nicht mehr gibt, und es scheint in seinem Leben wie ein Blatt vom Wind dahin und dorthin zu treiben. Nach dieser poetisch verkürzten Darstellung seines Lebens folgt, typisch für Simic, die Frage nach dem Warum, die er ebenso wenig beantworten kann wie die Frage danach, ob es gerecht zugeht in der Welt – die »blinde Dame« Gerechtigkeit ist so blind wie das Schicksal, an dessen Fäden wir wie eine Marionette hängen oder das uns wie ein Spielzeug zum Aufziehen steuert. Simic belässt es in seinen Gedichten selten bei bloßen Beschreibungen, so eindringlich die Szenen gestaltet sein mögen. Daneben schwingt immer etwas anderes mit: Der Wunsch nach einer Erklärung, nach einer Rechtfertigung von Unrecht und Willkür, das Suchen nach Wahrheit, im vollen Bewusstsein, dass die Suche vergeblich ist. Dieses Bewusstsein schlägt häufig um in Spott, Sarkasmus, beißende Ironie oder einen sardonischen Humor. Simic ist auch ein Spaßvogel, ein Witzbold – wie Seamus Heaney einmal gesagt hat –, er ist der »König der Schlaflosen«, der am Galgen der Zeit hängt, jemand, der eine Straßenlampe bittet, ihn auf seinem Weg ins Dunkel nicht zu verlassen (»Sanftes Erbarmen«), oder der seine Angst vor dem Tod mit dem Verhalten eines Eichhörnchens vergleicht, das unbekümmert die Straße überquert (»Nächtliches Quiz«).

Aus seinen Erfahrungen, dem in seiner Kindheit erlebten Grauen und einem Gefühl der Sinnlosigkeit unseres Tuns, unseres Lebens, unserer Welt ist bei dem Dichter nicht nur ein großes Misstrauen gegen Ideologien jeglicher Couleur, sondern desgleichen eine tiefe Empathie erwachsen. Er sieht »die Welt mit seinem Herzen« und lenkt den Blick des Lesers immer wieder auf die sozial Schwachen, auf Armut und Elend und auf die Gleichgültigkeit derjenigen, denen es besser geht: den Kriegskrüppel unter einer Zeitung am Straßenrand, neben dem sich ein Liebespaar küsst, ohne ihn zu beachten, die verrückte Alte, die in ihrer Einsamkeit jemanden sucht, dem sie sich mitteilen kann, den gealterten Elvis im nächtlichen Waschsalon. In einer Rezension des tschechischen Dichters Hrabal schrieb Simic einmal einen Satz, der gleichermaßen auf seine eigene Weltsicht zutrifft: »Alles wird anders in dem Augenblick, in dem man Mitleid mit einem Menschen oder einer Maus hat, die zitternd in einer Ecke hockt. Plötzlich taucht vor unseren Augen eine andere Welt auf, eine Welt, die schrecklicher, aber zugleich schöner ist.«

Die Welt ist schrecklich, doch sie ist ebenfalls schön. Man findet in ihr nicht nur »Galgen und Schlächter« (Heaney), sondern auch glückliche Augenblicke, die kleinen Freuden des Alltags, die dampfenden Gnocchi, das Glas Weißwein, einen See, der im Feuer des Sonnenuntergangs leuchtet, die Liebenden. »No ideas but in things« – Simics Dichtung drückt das leidenschaftliche Verlangen nach Genauigkeit aus, nach dem Hier und Jetzt in seiner wunderbaren Gegenwärtigkeit. Es ist das alte »Carpe diem«, das der Dichter singt. Und mit seinem Schreiben sagt er: »Ich bin«. Das Schreiben an sich, selbst das vergebliche, misslungene, seine »Dornenkrone« der gestrichenen Wörter, gewährt ihm Schutz in der leeren Kirche, angesichts des Schweigens Gottes und der Sterne, »vor dem kalten Hauch der Sterblichkeit«, und bietet ihm einen »Halt im Abgrund« des Nihilismus.

Wiebke Meier

INHALT

Autorenfoto: © Richard Drew

CHARLES SIMIC, 1938 in Belgrad geboren, kam 1954 in die USA. Er ist emeritierter Professor der Universität New Hampshire, wo er seit 1973 lehrte. Er hat etwa 20 Gedichtbände veröffentlicht, die vielfach ausgezeichnet wurden, u. a. mit dem Pulitzer-Preis. Zuletzt erschien bei Hanser *Picknick in der Nacht* (Gedichte, 2016).

MICHAEL KRÜGER, 1943 geboren, lebt in München. Er schreibt Romane und Gedichte, zuletzt: *Im Wald, im Holzhaus* (Gedichte, 2021).

WIEBKE MEIER ist Lehrbeauftragte im Fach Literarisches Übersetzen an der LMU München und übersetzte u. a. die Lyriker Jonathan Galassi, Lavinia Greenlaw, Gjertrud Schnackenberg und Mark Strand. Für die Übersetzung des Bandes von Charles Simic, *Picknick in der Nacht*, erhielt sie 2017 den Paul Scheerbart-Preis.